Eilun

FRANK OLDING

Diolch

Diolch i Sian Northey am ei sylwadau craff ac i Huw Meirion Edwards am olygu'r gyfrol mor drylwyr a chyda'r fath amynedd! Diolch hefyd i Eisteddfod Gadeiriol Llandyfaelog am ganiatâd i gynnwys 'Y Drws'. Diolch i Tim Rossiter am ei ddelweddau gwych a'i gefnogaeth. Ac yn olaf, diolch o galon i bawb yng Ngwasg y Bwthyn am eu gwaith diflino wrth gynhyrchu cyfrol mor hardd ac am eu ffydd ynof!

ISBN 978-1-912173-23-5

Cyhoeddwyd gyda chymorth ariannol Cyngor Llyfrau Cymru

Dylunio: Olwen Fowler
Delweddau: Tim Rossiter

Cyhoeddwyd ac argraffwyd gan
Gwasg y Bwthyn
Caernarfon
gwasgybwthyn@btconnect.com
01286 672018

Eilun

FRANK OLDING

gyda delweddau gan

Tim Rossiter

Cynnwys

Olion

Cwm Sorgwm

(i John Lilly)

Mae'r caeau'n grin gan frath Tachwedd,
y gwerni ger y nentydd swrth
yn ysgerbydau gwelw.
Mae pâr o biod, er hen air,

yn stelcian yn llwglyd hyd y berth
a chymydog draw yn lladd sarn rhedyn.
Ond mae llecyn moel ym mhen y bwlch
lle mae pedwar byd yn cwrdd –

byd y meirw, byd y byw,
y byd gwyllt a'n byd cyfannedd hwn
a phan fydd cymylau uchel
yn carlamu o'r bannau tua'r wawr,

yno mae'r gwynt yn llefain o'r de
i stwyrian esgyrn y mamau yn eu bedd.
Ar Glawdd Llywarch yn y cwm,
mae'r ffermwr ffraeth yn gyffro oll

gan wefr chwe mileniwm o amaeth ar ei dir,
ond mae ei wynt yn ei ddwrn
ac ymylon ei amrannau'n goch
gan wenwyn oes o drochi defaid.

Casglu

Rwy'n dal i gasglu iorwg a chelyn
a'm calon yn tirioni o hyd
wrth eu tlysau coch a'u dail glaswyrdd.

Mae gennyf eto fy hoff lecynnau –
y pant bach ger y Betws,
y berth drwchus uwchben Blaenawe.

Dod â'r gwyllt i'r tŷ yw'r nod
am wn i – y cread noeth yn fendith
ym mherfedd y gaeaf o gwmpas y tân;

nodi'r wawr y saif yr haul yn stond
rhwng llonyddwch a distawrwydd
a'r celyn yn frenin ar y byd o hyd.

Y Mamau

Cawn gwrso eu cysgodion
a chwilio am eu henwau cyfrin
ar allorau treuliedig;

cawn bori trwy ryw gyfnodolion sych
a olygwyd gan Brwsiaid moel
o ysgolheigion cyn chwalu'r byd.

Cawn ddysgu ynganu'n fanwl gywir
lafariaid byr breuddwydion epenthetig
a rhithiau metathesis.

Cawn olrhain nentydd troellog
ar eu hyd i'w llygad cudd
i fesur beddrod llanc o arwr

a'i gael weithiau'n chwech ac weithiau'n naw
ac weithiau'n ddeuddeg o droedfeddi
et ego solus probavi . . .

Cawn eu hela trwy'r llyfrgelloedd,
mewn neuaddau rhynllyd
ac ystafelloedd cefn tafarndai

cyn dychwelyd i'r man cychwyn
mewn glyn coediog yn yr haf
a drychiolaeth wib ar gil y llygad.

Blaen y Cwm

Adenydd arian yn sefyll ar y gwynt
cyn plymio a chylchu uwch ein pennau,
uwchben llechen lân yr eira mawr;

eu fflach glaerwen yn boen i'r llygaid,
yn tarfu ar ein difaterwch
a'r bedw'n torri dan bwysau glendid.

Pabïau

Anghofiais eu gwasgu'n ddiogel
yng nghoflaid y brenhinoedd,
rhwng y delwau cerfiedig
a gwellhad y swp o ffigys.

Gwelet yn eu gweddi bengam
gur a dagrau'r gweddwon,
doluriau'r blynyddoedd milain.

Er i'w sgarlad wywo'n frown
a'u glesni'n felyn,
gallaf weld o hyd eu rhwysg a'u swae
hyd glawdd yn Swydd Amwythig.

Caret wastad eu prydferthwch
gan gasáu o hyd y celwydd –
yr hen symbolau sy'n drech na'r gwir

ac er mor llipa eu petalau
rhwng dalennau myth,
gallaf weld o hyd dy lygaid craff
yr haf hwnnw yn Swydd Amwythig.

Meini

I

y meini'n wyllt

at eu hanner yn y marchwellt bras,
yn cadw gŵyl ymhlith yr ŷd,
wedi'u claddu dan y borfa
ac yng nghêl dan ddrain coedlannau,

yn wyrth aflonydd;

eu lliwiau a'u patrymau,
patina du ac oren cen a mwsogl,
dieithrwch ffurfiau cnawdol
pob hollt a rhych

yn hud anhydrin.

II

Rhwng rhyfeloedd,
hafau maith yn ôl,
cerddasom trwy fwlch bach o gwm
lle safai meini geirwon
yn rhodfa fesul pâr.

O'n blaenau ar y gorwel,
swatiai twmpath anferth gwyrdd
a'r wawr yn gawr o gysgod
dros y pwll a'r helyg yn y pant.

Trwy'r drain a'r perthi,
cordeddai cwlwm cythraul
i ddilyn hynt yr haul
a'n hysfa fwyaf taer
oedd datrys rhyngom yn ein serch
bob rhyw ddirgelwch.

III

Daethom yn helwyr meini
am eu cen aur a'u cyneddfau

a throes ein hantur fawr,
ein helfa wyllt dros ros a bron,

hyd arfordiroedd unig
a rhwng rhychau'r tiroedd coch,

yn chwedl arallfydol,
yn freuddwyd fyw symudliw

ac o'i thrysorau hi creasom wyrth.

Angharad

(er cof am Roger Cecil)

(I)

Dyrchafu fy llygaid
yn yr uffern newydd hon –

yr olaf yn fy llinach hir
o weision y cedyrn
yn syllu'n fud
yn fy nryswch a'm cywilydd.

(II)

Ond bûm innau'n was i'r awen
yn ei rhithiau symudliw –
yn slent y cyrff mewn corwynt,
yng ngwacter yr eira
a'r sgwario ysgwyddau rhag yr heth.

Bûm yn driw i lyfnder hir ei bryniau
a'u gorwelion clir;
yn ffyddlon i ddiffygion pob deunydd,
yn bridd, yn lud, yn olew,
yn enaid, cnawd a chysgod.

Bûm yn deyrngar i'w thywyllwch,
i nefoedd haearn Chwefror
ac ystlys fain yr haf;
ac yn ei rhithiau symudliw,
bu hithau'n driw i mi.

(III)

Anodd gweld y llusernau oll a losgant
a'r gaer yn troi mor chwil,
anodd siarad â'r gwylwyr
ar eu clogwyn iâ.

Ond llaw wen, golau gwyn,
nodwydd a brath sydyn
a minnau'n rhyfedd o ddi-hid
ar bennant gofid.

(IV)

Ni chaf bellach fod yn driw,
ni chei dithau fod yn ffyddlon.

Ar ddiwrnod gwyntog ym Mai,
ni chei fy nghusanau glöyn byw
na rhannu breuddwyd dewin
gyda'n gilydd ar y waun liw nos;

ni chei grwydro, gariad fy nghalon,
trwy niwl yr haf ar dy fryniau.

Cyhoeddasant eu *damnatio*
a difwyno pob prynhawn hudolus,
pob noson y tu hwnt i eiriau,
pob coflaid ar ein ffordd yn ôl i'r tŷ.

A bellach ni allaf fod yn driw,
ni elli dithau fod yn ffyddlon.

(V)

Cysgu dan y coed,
yn sŵn yr adar gwyn eu byd.

A dyf mewn llannerch
yn y golau brith,
bûm yng nghêl odani rhag y dydd,

rhag *dies irae*
y colli pwyll a brath yr heth.

A dyf ar fin y ddôl,
bûm ynghudd odani rhag fy ing,
fy hen waradwydd

am sefyll wastad ar y ffin
dan gysgod cariad.

Llyn Fawr

I

Ar ein cwrcwd ger y lan
fe glywir ein sibrydion yn glir
dros y llyn, yr ochr draw.

A fydd crochan efydd
yn llawn o swllt Iwerddon
yn nofio cyn suddo?

Yn rhoi ei drithro ar y dŵr
cyn chwalu drych y llyn
a ffrwydro i amgenach byd?

Cyn brochi'n deilchion a thân,
yn gledd o luched
yn llaw rhyw lofrudd milain?

II

A gyrchasom dros y môr,
tu hwnt i'r ynys wydr
a'i gwarcheidwaid mud,

ai rhad a rhodd naw morwyn
a'u braidd gyffwrdd medrus
ynteu felltith uffern?

Pe rhoddem y rhain yn ôl i'r pair,
dirgelion gwastrodi meirch,
holl gyfrinachau crefft y gof

a chylchoedd amaeth . . .
Pe gwthiem yn eu hôl i'r pair
eu cleddau heyrn, a aem yn ôl

i hedd rhyw ddiniweidrwydd,
i ryfeddod diwair llyn
sy'n cario'n lleisiau dros y dŵr?

Tir y Blaenau

Yr unig lun a gedwaist,
dy unig liw wrth gilio i'r gwyll
pan loriwyd dy afallennau.

Y llun fu'n hongian
fel crog uwchben dy wely oer –
gweddillion dy ynys hud.

Yn dy fêr, dy waed,
synhwyraist dor a bronnau Twmpa,
cluniau Honddu a'i chedor wlyb
rhwng gwern a thorlan.

Agorodd byd i'th olwg
a'th reddf yn swyno glyn,
yn rhithio merlod main ar lethr aur
a dyfrast yn y cerrynt gwyrdd.

Llwyd yw'r llethrau heno
a'r nant yn ddu,
y dŵr a'r gwyll yn llifo'n groch
rhwng gwern a thorlan
i'r gedor wlyb fu'n geni ar dy ynys hud,
ar lun a'i liw uwchben dy wely oer.

Yr Heliwr

Dwg, alarch, hwn – ein baban –
yn dyner, yn ddiogel
ar dy esgyll gwyn i'w ffawd.

Yr un mor hardd y bu hi
pan roddais hwy ill dau
ar ben eu ffordd;

yr un mor hardd, er braidd yn welw,
a'i phen ar ei phais o grwyn
a fu'n fargen anrhydeddus rhyngom.

Bu pob un carw coch a baedd,
pob noson oer a nawn sychedig
yn y goedwig, ar y rhos

yn ernes cariad rhyngom,
yn bridwerth ei phrydferthwch,
yn deyrnged rydd i'w bri.

Ond ni fu hir lawenydd,
mor fuan y bu'n rhaid taenu'r ocr
am ei phen, ei chedor, ei thraed,

cochni ei gwyryfdod a'n trachwant ni,
cochni geni a marwolaeth
a'i hawl i'w rhyddid ar ei thaith.

Uffington

March gwyn ar garlam hyd orwel glas
yn llatai hen gredoau –
ffrwyth awen hyn o dir,

ffrwyth sbonc y borfa grop
ac ernes glaw mân ar y gwynt,
persawr yr eithin ar ymyl y rhiw.

Yng ngoleuni clir y machlud,
cawn weld o ochr ddall y bryn
am eiliad y dirwedd gudd

a grëwyd trwyddo, ganddo, ynddo
yn ymddiddan rhwng dau fyd,
yn ddelwedd yn y drych.

Y Drws

(I)

Rhuo'r môr a gwae gwylanod a dim glanfa,
y morwyr yn y rigin â llond twll o ofn
a'r llong ar ogwydd o dan faich ei llwyth

gosteg wedyn a'r gwynt yn troi,
dod ati yng nghysgod y tir o'r dwyrain
cyn bwrw'r lan fel cwlltwr

ni'n saith yn yr ewyn at ein cluniau
a'r cynfas yn wlyb ddulas
gan ddŵr y môr a'r gwaed

llusg-lusgo fel ôl yr ych
ar hyd y traeth i'r creigiau
y cwdyn anferth, drewllyd

breuddwyd gwrach y beirdd,
celwydd astud y cyfarwydd –
yn eu tro fe drodd yn las, yn wyrdd, yn ddu

a'r llygaid yn llaethog a'r gwefusau'n grin
a'i dafod llipa rhwng ei ddannedd llac
fel macrell teirnos.

(II)

Mewn lle teg â neuadd fawr,
a'r trydydd drws ar gau
ac yno y buom, heb eisiau,

er a welsem o ofid ac er a gawsem,
ni ddôi i ni na chof, na phoen
na galar yn y byd

am hyd oes o anwybodaeth,
rhyw wynfyd pell
a neb yn hŷn a neb mewn ing

yng nghwmni pen
ein cyfaill hael o'r fro bell
am hyd ein hoes o anwybodaeth,

lledrith hyll o wledd a chwmni,
celwydd creulon rhyw gyfaredd ffals,
llesmair llwyn ac adar i'n diddanu

er na ddihunent y meirw na huno'r byw –
haul ar fôr a thawch ar draeth
a'r trydydd drws ar gau.

(III)

Mor saff gyhyd tu ôl i'r drws,
rhag cofio a dirnad, rhag cur a chariad,
yn llwyr ddi-hid ar bennant gofid.

Nid drwg pob deigryn;
awydd huno'r meirw a dihuno'r byw,
awydd agor drws a chael ai gwir ai gau hen air . . .

Dolgellau, 1978

Mynyddoedd, gwir fynyddoedd
a chadair cawr
hen straeon fy mam-gu,

byd llachar o anghyfiaith,
a dechrau cywilyddio
rhag fy atal dweud.

Ond y flonden
yn y dyngarîs coch
a wrandawodd mor astud

ar fy Nghymraeg Tarzan i,
ei sgwrs mor araf ac mor glir,
a ddawnsiodd mor glòs,

ac a afaelodd yn fy llaw
a'i dodi'n heriol ar ei bron.

Erthyl

Fe'i rhwygwyd hi o'r groth
a'i thaflu'n fwndel gwaedlyd
ataf i i'w magu,
a'r un hwiangerdd
yn fy swp o gerddi.

Mae'i brodyr
sy'n frodyr maeth imi, ymddengys,
yn crafu rhych o fedd i'r erthyl
a minnau newydd ddirnad
gwyrth ei bod.

Cawr

Ein tad-cu
yn codi'i bae o'r Six

a ni'n dau'n cael mynd
i ochr lân yr hen gantîn
am Wagon Wheel yr un a phop,

i synnu trwy'r ffenestri yn eu dagrau
at holl gyffro top y pwll.

Lle bu'r gêr, saif heddiw gofeb
yn gawr o goliar,
yn Fendigeidfran dur i warchod cwm.

Ond pa gwm wedyn?
Y cwm lle'n ganed, ti a mi,
y cwm a'n magodd?

Neu ynteu gwm cau drysau'n glep,
cwm y cyffuriau a'r Bargain Booze?

Y cwm a ddiberfeddwyd,
y ffordd o fyw a chwalwyd
o fewn degawd hyll.

A'n gwlad ni wedi'n gadael,
pa ofid drosom ninnau sydd i'w gael?

Bwli

Digwydd pasio
ac yntau'n aros wrth y safle bws,
rhyw gip cil-llygad clau
wrth ruthro heibio.

Ond yr un fu'r osgo – ei war yn dynn,
ysgwyddau'n sgwâr
yn erbyn byd a betws,
yn dal ei ddig o hyd a'i hogi

rhag duw-a-ŵyr pa ddrwg
fu'n ceulo yn ei galon,
y tu ôl i'r mwgwd oer o wep
a oedd unwaith mor gyfarwydd.

Triptych

Awen

(Abertyleri)

Hon oedd fy nghyffes nawr,
nid blychau mwll llencyndod
a'r gosb gerbron y grog.

Disodlwyd hen faddeuant
gan yr *ave* sydd ynghudd
ym mhob llinell gymen
a chan y *pater* slei
sy'n llercian ymhob pennill twt.

O'r diwedd,
dyma benyd gweddus,
y ddefod newydd am y tro
i'm henaid hyll.

Seintwar

(Aber-fan)

Aem yno i gyd o dro i dro
a 'nhad yn mynnu –
nid pererindod ond rhyw alw heibio;

roedd y colofnau gwyn a'r bwâu main
fel gardd o gyfnod y Dadeni
nes gweld y lluniau o'r holl wynebau bach.

Roedd hyd yn oed y gwynt yn fwynach,
yr adar yn llai talog
a'u trydar fel pe byddai'n dod o bell

i darfu ar lonyddwch anghysurus;
ac felly eto heddiw
a minnau heb dywyllu bedd fy nhad.

Salve Regina

(Pen-rhys)

Fam pob trugaredd,
pob gobaith a hyfrydwch,

pan lefwn,
blant esgymun Efa,
pan ochneidiwn
yn ein dyffryn Baca hwn,

edrych arnom;

a ninnau'n alltud,
yn dy holl dosturi,
dangos ni
i ffrwyth dy groth,

gweddïa, fam, yn dyner
inni haeddu addewidion mab.

Y Cwm

(er cof am Gareth Gregory)

I ddaeareg yn ddegwm – y talodd
Pob teulu ei offrwm;
A'u galar heddiw'n gwlwm,
Eu dolur yw cur pob cwm.

Fferegs

(er cof am Meic Stephens)

Aildaniodd olud uniaith – ei Flaenau
Rhag diflannu'r eilwaith;
Nid gwarchod rhyw dafodiaith
Ond ein hawl i'n gwlad a'n hiaith.

Sionis y Cymoedd a Llydaw

(er cof am Gwyn Griffiths)

Hwn fu'n her a'n lladmerydd, – ein beirniad
Heb arno gywilydd
Ein heiriol yn ffôl ei ffydd
Nad unem mewn dihenydd.

Y Tŷ

Tybed a yw'n hysbrydion yno?
A glywir weithiau'n chwerthin yn y tŷ,
neu sŵn ein traed ar hyd y lloriau?

Wrth rifo a lleoli yma, yn fy mhen,
bob border a gwely a llwybr,
y llwyni cyrens a'r gwsberins a'r tŷ gwydr,

a ydynt, rywsut, yn ailymddangos yno
i ffynnu a blodeuo yn yr haul
mewn congl fach o'r hyn a fu sy'n dal i fod?

Breuddwydiais gwrdd yno â mi fy hun
mewn bywyd arall, lle arhosais
i rentu'r lle a charco'r ardd a magu merched,

a mi fy hun yn syllu'n amheus
wrth weld wyneb a fu unwaith, rywsut, yn gyfarwydd.

Ennill Iaith

Ennill iaith
yw ennill cân a cholli cerdd,

ffeirio awen am farddas
a duw am grefydda,
canfod rhagrith arwyr
a gweld breuddwyd yn y baw.

Ennill iaith
yw ennill gwlad a cholli milltir sgwâr,

cyfnewid fesul treiglad
urddas am gyflwr gwas,
gwerthu fesul tro ymadrodd
falchder cwm am sen adferwyr.

Ennill iaith
yw ennill byd a cholli bro.

Y Fari

Yn sied yr ardd bu'n disgwyl
am fisoedd ar ei hanner
cyn imi fwrw ati'n euog

nawr o'r newydd.
Dal y ffon yn sgwâr wrth fraced,
troi'i phenglog a gweu tâp cotwm

trwy gilfachau'i llygaid, ogof ei hymennydd,
a'i chlymu'n sownd;
dyfeisio modd i ddal ei gên

a chael ei symud yr un pryd,
pwytho wrthi gynfas wen a llaes
a ffurfio'r corneli'n glustiau effro.

A dyna i gyd – ffon, cynfas, cotwm
a'r benglog fantach a ffeindiais ar y Twyn;
ond wrth gamu'n ôl, roedd ganddi enaid
ac arswyd nos a chynfyd yn ei gwên.

Ffynnon

Golau brith o dan y dail,
rhad clir y nant
a chân mwyalchen;

clytiau'n crynu ar bob cangen
a'u dawns wrth liniaru'r clwyf
yn weddi rhag mudandod,
rhag diddymu'r sant.

Pa gamwedd wedyn
a chwalodd fywyd cyfan
heb adael ond adfeilion serch
a'n gwae i'n drysu?

Ai gwir, ai gau
y byd sy'n llithro
fesul atgof gwan o'n gafael
lle mae'r golau llwyd
yn cwrdd â'r awyr werdd?

Bendith eu Mamau

(Enw'r de-ddwyrain ar y tylwyth teg)

Ddiwrnod marchnad,
cuddiant yn y dorf;

rhaid chwilio'r wynebau
am ôl y cynfyd ar eu gwedd,
yr esgyrn uchel yn y foch,

y düwch yn eu gwallt a'u llygaid
a'u ffordd o syllu trwom,
at y mêr.

Ond aethant oll i fyw
draw am y bryn â ni, neu dros ryw nant
mewn plwyf ymhellach i'r gorllewin

heb adael nawr ond rhith eu hiaith
fel atsain ar y gwynt,
fel ôl troed plentyn ar y traeth.

Y Llun

Ei gael
rhwng tudalennau llyfr,

ond pwy a'i tynnodd
a pha bryd, dim clem;
ond du fy ngwallt wyf i
a thithau'n goch
ac rwy'n cofio dy ffrog.

Y tŷ hwn cyn y gwaith,
yr ardd yn anialwch
a phâr o sgidiau cerdded
yn sychu, fel y bore 'ma,
ar sìl y ffenestr.

A aethai'r holl ddiwrnodau
o weithio a thyfu, gofidio a charu
i gyd ar lwyr ddifancoll?
Neu a lerciant i'w galw'n ôl
ar hap gan lun?

Yng nghefnfor unlliw'r hyn a fu,
pam mae ambell ynys werdd
yn sefyll uwch y tonnau?

Am inni, unwaith, eistedd yn yr ardd
a'n gwên yn ifanc.

Dial Garreg

Y cyfan sydd i'n cofeb – yw rhyw faen
Ar fynydd, rhyw heneb
Sy'n gwatwar pob dihareb
Am dir yn awr sy'n dir neb.

Gwynt Traed y Meirw

Ym mrig coedwig yn codi – hyd erwau
Y dwyrain fe glywi
Ei ias dros frwyn a thwyni
A grym y fall yn ei gri.

Alan Kurdi

Na phennom rhagddo ffiniau, – na chloddiom
Na chlawdd na therfynau
Rhag i hon, y galon, gau
I bob ing, i bob angau.

Breuddwyd

"Looking back over the great voyage to the hills and the heaths and the sea, it seems all a dream but most favourably a dream remembered . . ." (Paul Nash, 1943)

Beltane – Cerne Abbas

Cyn torri'r sialc, fe fûm i yma
yn ddelwedd yn y drych;
fi yw Ercwlff, gwrthglawdd cad,
a Hel, duw haul y Saeson;

fi yw'r cawr o Ddenmarc
a gysgodd ar y bryn
a fi yw Nudd y cynydd
sy'n gwella clwyfau.

Nid ofnaf innau angau,
gosodais yn ei lle y lloer
a'r haul yw fy nharian
rhag her pob cachgi;

fi yw eilun y gwragedd,
deuant â'u gwŷr i'm gwledd;
mae llancesi'n rholio i lawr y bryn
ar hyd fy nghala.

Do, gosodais leuad yn y nef
i'm goleuo yn fy chwant;
fy mreuddwyd i a greodd y nos
a'm had yw'r sêr.

Mai-dūnon

Bûm innau'n drech na rhyfel,
yn fwy gwydn na mileindra gwŷr;

meddalwyd eu gwrthgloddiau
fesul deigryn glaw
yn fol a bronnau;

erydwyd eu ffosydd hyll
gan gusan awel
yn gluniau a chedor;

gorchfygais gaer y gwastadeddau
a rhoi bod i eneth dlos.

Heuldro Blodau'r Haul

I

Tyfent gynt
yng ngardd y ceinciau aur

ond heno, Noswyl Ifan,
a'r haul ei hun yn dirwyn
fesul machlud tua'r heth,
cawn adfer hen draddodiad
a'u bowlio'n olwynion tân i lawr y bryn;

a'r blodau'n troi i ddilyn hynt yr haul,
cawn droi pob haint yn ddrychiolaeth ir,
cawn ddathlu angau;

mae'r Bronnydd – heb eu coedwig –
mor eirias eu gwawr
a gobaith eto'n dân.

II

Yr heuldro ar ei anterth

yn annog rhwng y ddeufyd
greu o'r newydd haul o'r tân,

adladd olwyn dros y bryn
yn hollti llwybr gwaed trwy'r ŷd

cyn neidio i'r awyr yn ei angerdd
fel arwr dros dri chlawdd y gaer

a dyma fendith hirddydd haf.

Anterth

Eurgylch haul yn tanio'r coed
a'r cysgod glas o dan y gwŷdd
yn addo lloches, awel.

Tân y llynedd a faethodd flodau hud –
peradyl garw'n llusern
rhag y widdon orddu yn ei ffau,
ysgol Fair rhag mellten, rhag cythreuliaid,
a berwr Taliesin rhag creulondeb gwŷr.

Ond er tanbeitied eu lliwiau,
yn y tes afreal hwn,
mor fregus yw eu harddwch, mor fyr eu swyn.

Lughnasadh – Wittenham

Golwg ar y Fron o bell
yn ennyn rhyw barchedig ofn
rhag i'n troedio ddwyno'i hurddas,

cae agored, llidiart, llwybr sialc
yn denu'r llygad at y goedlan,
at y seintwar dan ei gwŷdd;

coron o goed, a'r adar
wrth godi'n haid o'u lloches
yn draed brain hen lawysgrif;

olion dyn – y gât a'r gaseg wair –
a dderfydd; trech yw'r ddaear
ac yn ei grym ei chysur.

Cyhydnos yr Hydref

Rhyfedd, ddechrau Awst tu draw i'r Bronnydd
ddarganfod llonaid cae o flodau haul
a'u du-ar-aur mor llachar yn y gwres.

Ond heddiw, wrth ddychwelyd
a'r cymylau'n bygwth glaw,
mae'r cyfan wedi'i fedi'n saff

a'r cae i gyd yn sarn a sofl.
Ond ar y dalar rhwng y berth a'r us,
un blodeuyn llipa sydd ar ôl

a thrwy hollt hirgrwn mewn cwmwl llwyd,
mae un pelydryn gwelw'n disgyn
yn ioloaidd i oleuo'i dranc;

a'r ddau elíps yn adlewyrchu'r nef,
fe dry dail crin yn rhuthr esgyll.

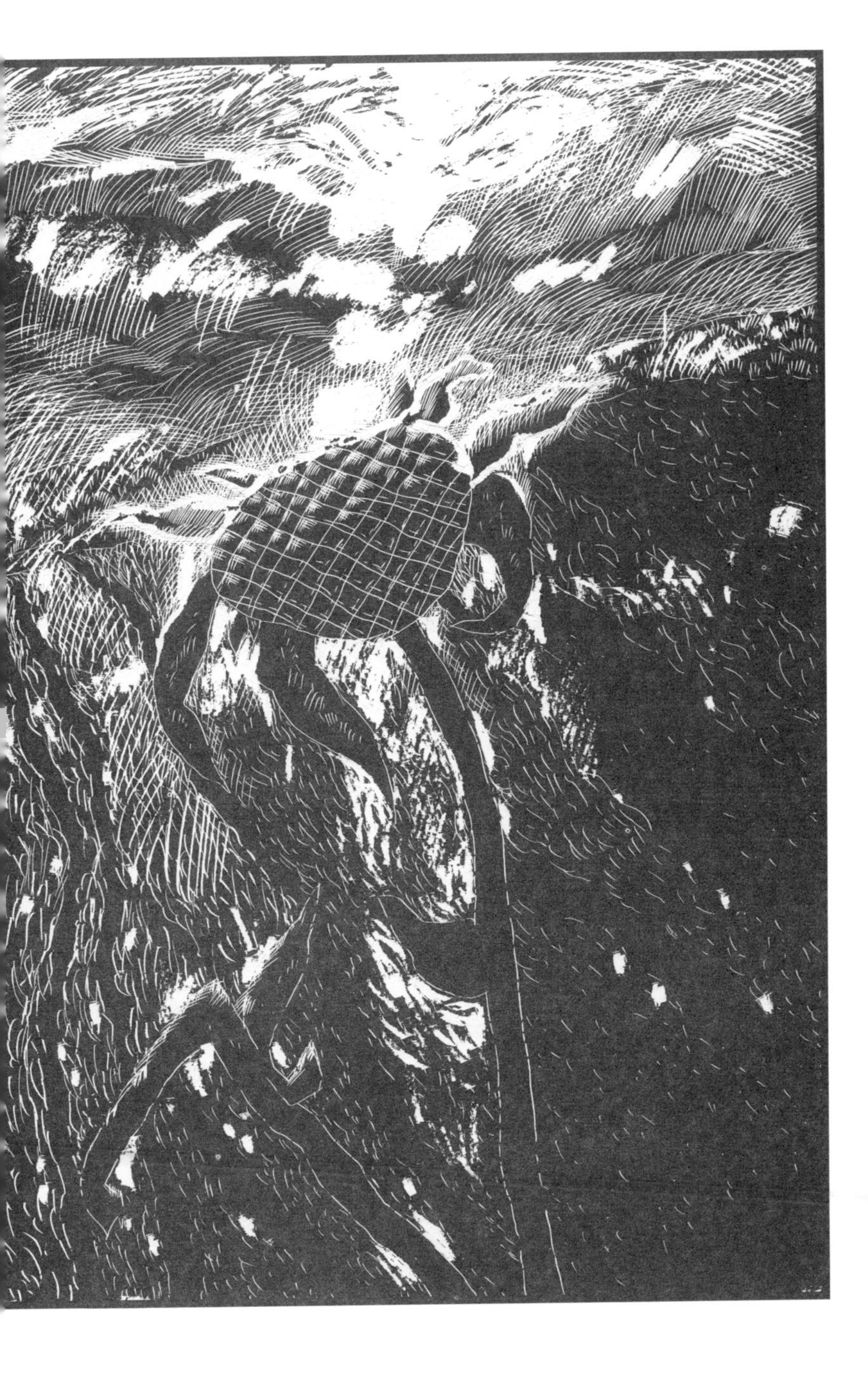

Samhain – Boar's Hill

Madarch hyd y maes yn frech,
yn welw eu gwahanglwyf
yn y golau gwan,

taglys y perthi'n stond –
yr ymgordeddu wysg-yr-haul
am byth nawr ar ei hanner;

â blaen y lleuad grwca
yn goleuo hynt y meirw
rhwng cypreswydd y lôn goed,

fe lithrant yn eu hôl
o wyll ei hochr oer
at amser, byw a lliwiau bod.

Heuldro'r Gaeaf

Gwawr y byrddydd ar y Fron,
y gwŷdd, heb ddail, yn fysedd y cymalwst,
yn weddi ofer rhag sgarlad di-hid y nef;

yr haul melynwyn a'i belydrau main
fel adenydd dros y distryw,
dros olion y cloddio a'r claddu,

yn sugno gwaed y meirw
o'r pridd yn waredigaeth
a ninnau'n creu byd o'r newydd.

Imbolc – Iden

Diwedd tymor lladd ffesantod,
y plocyn a'r twca'n barod
at lurgunio a blingo
pâr olaf trist y gaeaf;

yn ddwfn yn y coed,
mae hen wraig yn casglu tanwydd
a'r bore braf yn argoel
tywydd garw cyn yr wyna,

a draw, yng nghornel bellaf y cae,
rhwng y ffawydd brown a'r helyg,
mae llidiart yn addo rhyddid
y tu hwnt i'r diwrnod hwn.

Tirwedd Mawrth

Yn sŵn yr awyrennau cyn yr haint, pa reddf
fu'n troi'r llwyfenni'n lliwiau'r ŵyl,
fu'n troi'r lôn goed yn ddelltwaith melyn?

Rhwng y fagddu y tu ôl inni
a'r golau llwyd o'n blaen pa awydd fu'n dihuno'r had?

Mae'r pridd yn gynnes a'r lloer yn fawr
a'r werin yn ymgasglu ar y waun
i wylio dawns yr haul ar hyd y gorwel.

Cyhydnos y Gwanwyn

Mae'r lloer ddigyffro
a llygad coch y wawr
yn creu cysgodion dwbwl,

y Bronnydd yn briodas arian ac efydd
a'u deuliw'n dal yr ennyd hir
cyn ymdoddi'n un,

cyn uno'r nos a'r wawr
lle mae ogof – er ei braw –
yn borth i arall fyd,

lle mae'n breuddwyd hurt
yn hofran yn y gwagle
cyn llithro'n fud i'n côl.

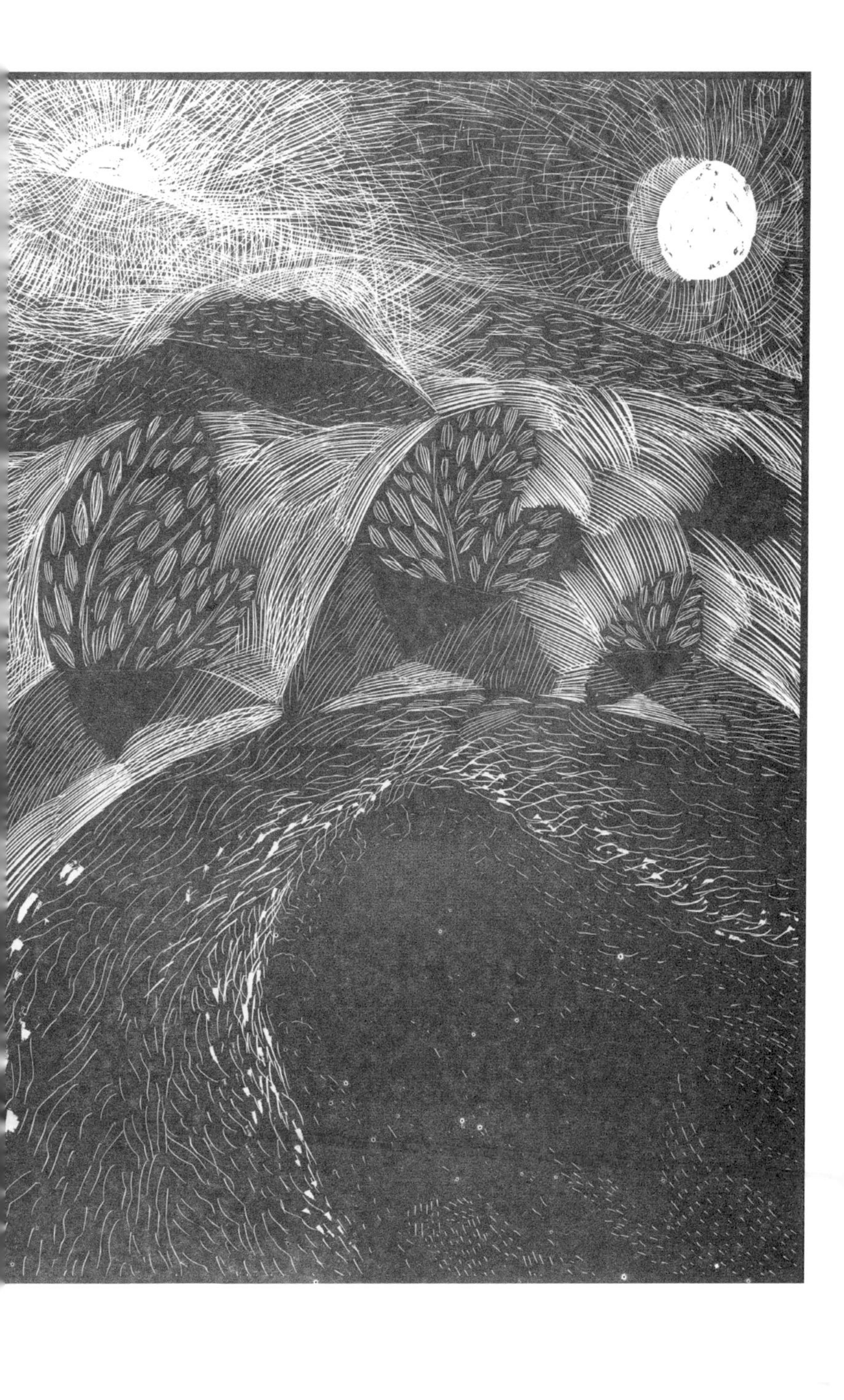

Beltane – Badbury Rings

Cyn torri'r sialc, bûm innau yma
yn gysgod ar y bryn;
fi yw'r goedwig arian dan y lloer,
goleuni brith ei chanol nos;

fi yw mam y carcharorion,
meistres y gwleddoedd, brenhines y ceffylau;
fi sy'n dihuno'r dail ar y deri
a gwysio'r storm a'i thyrfau.

Fi sy'n denu'r cariadon
i'm cilfachau, i'm ceudyllau clyd;
ataf yma yn fy llwyn
deuant â'u gweddïau taeraf,

â'u hoffrwm torcalonnus,
â'u hychydig amhrisiadwy,
cyn gadael gyda rhad y drain.
Codasant ar fy ystlys seintwar –

fy nghloddiau dwfn, fy nghylchoedd gwyn
fu omphalos eu serch a'i swyn
a fi o hyd sy'n hawlio had y cawr
i esgor eilwaith ar eu haf.

Mewn Drych

"Teimlais bang o dristwch o feddwl fy mod yn gweld megis mewn drych yr olaf rai o siaradwyr yr iaith Gymraeg." (T. J. Morgan, 1939)

Roedd gwŷr y fro eisoes
wedi dechrau torri'u gwallt,

roedd yr heliwr eisoes
wedi bwyta'r aeron coch
o benglog yn nrws cell y wrach;

roedd clec hen eiriau eisoes
wedi treiglo'n ddof

pan lusgodd ysgolhaig
ei offer estron a'i ddisgiau cwyr
hyd lôn a llwybr yn yr eira trwm.

Ond, pan safodd yntau'n eiddgar
a'i offer sgleiniog yn glustiau i gyd,

fe wyddai'r heliwr eisoes
na fyddai'n coelio'r gwir,
na chredai stori'r wrach

a chuddiodd gudynnau hir ei wallt
a sôn am fferm a chynnau tân.

Fore braf, eisteddai'r heliwr
ar lech gynnes o dywodfaen
a gwylio bleiddiaid y côr

yn cochi a chwysu wrth lusgo
eu ceirt llawn casgenni
i fyny'r rhiw a alwent yn rhiw gwrw.

Gyferbyn, safai merch y bryniau
yn syllu'n astud arnynt
fel llwynoges yn hela pathew.

Ond nid chwant bwyd a'i corddai,
ond awydd arall – i'w hudo
fesul un ar hyd y rhos

a rhyngu'i bodd.
Ond nid bugeiliaid mo'r rhain,
ni chlywent hwythau flodau'r drain

na synhwyro yn eu mêr
yr ysfa yn ei bol,
y lleithder rhwng ei chluniau.

Mae'r haul sy'n tywynnu
ar y lle hwn yn fab o hyd
a'r lleuad hithau'n eneth;

'does ganddo eto enw
ond fe enwir – yn y man –
bob cors a thwyn a ffynnon las

mewn iaith a gludir yma
gan bobl, y bobl a gerdda mor bell
dros fynyddoedd serth, trwy eira,

iâ a dyfroedd du i'w gyrraedd.
A bydd pob enw'n stori
a phob stori'n dröell amser.

Ar ei gwrcwd ger y tân,
yn canu'r hanes wrtho'i hun,
aeth yr heliwr i benbleth.

A phob stori'n dröell amser,
a fuont cyn eu henwi,
pob cors a thwyn a ffynnon las?

Mae cân yn ffin mor denau
rhwng y gwir a'r gau,
rhwng hel atgofion

a nyddu'r byd o'r newydd
i gael plethu anwe'r tir
ac ystof ach yn chwedl gyfan gron.

Ar ei gwrcwd ger y tân
yn canu wrtho'i hun,
a ganasai'r heliwr fyd?

Mae merch y bryniau'n crwydro'r cwm
yn mwytho pob un ddraenen wen,
yn braidd gyffwrdd gyda'i bysedd

medrus hir bob boncyff crin
a chosi i'w penrhyddid cyn y dail
y blodau gwyn,

y blodau gwyn sydd wrth nesáu
â gwrid y machlud arnynt
a phersawr chwerwfelys gweflau serch.

Ym mhen uchaf oer y fro,
lle holltai'r tir yn gymoedd dwfn a dall,
yn bennant gofid, trigai gwrachod

yn fam a merch, a'u cell yng nghysgod
draenen ddu na ddihunai
dan fraidd gyffwrdd bysedd

hir a medrus merch y bryniau,
a dyfai'n gam grebachlyd
er pob lloches rhag y gwynt.

Yn ei noethni a'i phrydferthwch,
ymolchai merch y bryniau
yn y nentydd a'r afonydd hyd y fro

ac roedd ganddi un hoff le –
nant ifanc a fyrlymai dan yr ynn
a enwyd yn y man

- pan enwyd nant a ffynnon las –
ar ôl mam y mabon ffôl.
Fe ganai'r dŵr yn furmur

yng ngoleuni brith y dail
a chanai hithau hefyd
yn ei noethni a'i phrydferthwch

yn dawel wrthi'i hun
a'i chân yn lledu'n gylchoedd
o swyn ar hyd y fro –

hyd nentydd, hyd y llwybrau cul
yn weoedd lloergan ar y rhos,
yn wythiennau heulwen rhwng y gwŷdd

nes bwrw hedyn a gaeafu
i wreiddio yng nghalonnau'r bobl
enwau hil ar fron ac esgair,

ar gors a thwyn a ffynnon las,
a phob un enw'n stori
a phob stori'n dröell amser.

Yn ei noethni a'i phrydferthwch,
fe grwydrai merch y bryniau
ar y ffriddoedd a'r rhostiroedd hyd y fro

ac roedd ganddi un cas le –
gwaun unig lle teyrnasai'r gwynt a'r glaw
a enwyd yn y man

– pan enwyd bron ac esgair –
ar ôl cuddfan lladron ffel.
Fe ruai'r gwynt yn greulon

dros wastadedd moel y waun
a rhuai hithau hefyd
yn ei noethni a'i phrydferthwch

yn erchyll wrth y byd
a'i llef yn lledu'n gylchoedd
o ing ar hyd y fro.

Aeth yr heliwr allan ganol dydd
i chwilio am fugeiliaid a llanciau
a hudwyd fesul un ar hyd y rhos

a daeth o hyd i goeden gan
yn tyfu'n unig ar y waun
a honno'n syth urddasol

heb blygu na gwyro yn y gwynt.
Ond wrth gamu'n nes,
nid bedwen grin mo hon

ond coeden o esgyrn sych
a'i chyff a'i cheinciau'n ysgerbydau gwŷr;
eu penglogau fel afalau arni

ac esgyrn bach eu bysedd yn hongian
wrth gareiau croen yn glychau gwynt.
Clywai yn y pellter ferch y bryniau

yn llefain am ei chariadon
a'r brain, yn ufudd i hen air,
yn codi llef a siarad.

Gan godi'u llef a siarad,
gan gylchu a phlymio bob yn ail,
arweiniodd y brain yr heliwr i lawr o'r waun

a chlywodd eto eco ar y gwynt
o'i gwae a'i chri anghysbell –
"Heliwr – na ad dy gyllell!"

Yn rhith rhyw lanc o fugail,
daeth o hyd i'r ddraenen ddu –
pwyso ar ei gwrcwd wrth ei bôn

a'u cyfarch yn yr iaith a enwodd
fron ac esgair, cors a ffynnon las
hyd oni ddaeth y fam i ddrws ei chell

i alw arno i swpera
ac estyn llonaid powlen wen
o aeron cochion melys.

Bwytaodd, ac adnabod eirin Gwion,
adnabu benglog dyn yn bowlen wen.
Canfu yn y sudd ysgarlad

esgyrn bychain bysedd –
yr anrheg yn y celwrn,
yr argoel yn y gwaddod sur.

Ni thyciodd, er ei chri, ei gyllell,
na fflach yr haearn noeth.
Ni thyciai ond yr argoel

yn y gwaddod, yr anrheg yn y celwrn
i rybuddio plant y bobl
ac ennyn diffyg braw.

Ond gwyddai'r heliwr eisoes
na fyddent yn coelio'r gwir,
na chredent stori'r wrach.

Brynhawn tywyll, eisteddai'r heliwr
ar swp o redyn ar y bryn briw
a gwylio'r boblach yn eu llid

yn clymu gwregys haearn
yn ei noethni a'i phrydferthwch
am wasg denau merch y bryniau,

dal ei phenelinoedd wrth ei hystlys
gyda chyffion heyrn yn dynn
a'i llusgo draw i'w boddi

ym mhwll y wern yng nghysgod
un o dyrau hyll y bleiddiaid.
Â brath yr haearn arni

bu'n gwingo a chordeddu yn ei hing
a'i thranc yn lledu'n gylchoedd
o frad ar hyd y fro.

Ond â gwrid y machlud arno,
dyma gynnwrf yn y pwll
a hithau'n codi eto'n grych a broch

â dyfrllys yn ei gwallt
i gamu ar y dŵr yn ôl i'r lan
a'r wisg wen amdani'n argoel gwae.

Pan aeth i flaen y cwm,
ni wyddai'r ysgolhaig
mai blaen y cwm oedd pennant gofid.

Pan safodd yno'n eiddgar
a'i offer eto'n glustiau i gyd,

nid sŵn ei iaith a barodd syndod
i'r ddwy wrach, na'i acen od,
ond ei ddiffyg braw, y ffaith na theimlai,

na synhwyrai yn ei fêr
fod lle i'w esgyrn ar y goeden gan.

Ond aethai'r heliwr ar ei ôl
gan groesi lluwchfeydd eira,
meysydd, perthi, afon ddu

heb adael ôl ei droed,
heb darfu ar wyryfdod glas y fro

ac eistedd ar y sticill faen
wrth fôn y ddraenen ddu.
Ond daeth yr ysgolhaig o'r tŷ

a phacio'i offer estron a'i ddisgiau cwyr,
a gwyddai'r heliwr eisoes
fod ei ddiffyg braw yn ddiwedd byd,
fod dal yr iaith a'i chadw hefyd yn ei lladd.

1917

(i'm hen dad-cu)

Tu faes i babell yn dy siaced fraith
am dy fod hoffach gan yr ynad (meddai fe)
na'i feibion ef ei hun.

Na thywelltwch waed (cwningod).
Canfuom ef o bell.
Er diffyg ugain darn o arian, taflwn ef i'r pydew gwag.

Ni rwygaist ti dy ddillad,
ond y llanc nid ydyw acw.
Gan larpio y llarpiwyd dy frodyr iau i gyd

a throchwyd yn eu gwaed dy siaced fraith.
Tu faes i babell yn yr Aifft,
pa freuddwyd a freuddwydiaist ti?

Abertyleri 1985

Bore Mercher

Arhoswn
mewn cwt distaw
i lofnodi'r pact wythnosol,
y cytundeb anochel
sy'n gwerthu'n hawlfraint
ar hunan-barch
am bris y mwgyn nesaf,
am beint o ddifaterwch.

Mewn cwt distaw
fel bustych dof,
a rhwyg ein disbaddu,
rhag crawni'n hunangasineb,
yn ceulo'n fendith araf
o ddadrithiad.

Nos Wener

Gwaed ar y pafin,
a rhywun,
yn rhywle,
yn chwerthin nerth ei enaid.

Roedd ôl yr esgid
yn blaen ar ei wyneb,
a'i dafod, yn llipa wlyb
ar ddannedd llac,
fel darn o facrell grai
rhwng bys a bawd.

Deuthum adref â'i waed ar fy nwylo
a'i ing hyll yn ystaenio 'ngho'.

Bore Sul

Ysgrech cathod
uwch y gerddi –
deffro.

Cylch egwan
o oleuni,
hithau'n crio'n dost
a chwtsio'r wal,
yn ceisio cysur
o'r cadernid.

Eisoes
mae clais porffor
ar ei boch
yn dechrau duo.

Ac yntau'n
grwgnach dan ei ddannedd rhonc
wrth droi
i bwyso'i siawns,
cyn penderfynu
gwegian heibio.

Diolch byth.

Ac yna, bant â hi
gan fwytho'r wal o hyd.

At bwy?
At dad cynddeiriog,
at fam ofidus?

At fore arall
o garwriaeth.

Canhwyllau Corff

Pe troem i'w dilyn heno,
a welem gnawd
ar esgyrn chwedlau chwil y proffwyd?

A welem hwy, ein Cymry,
yn gymdeithion mud hyd lonydd
Pandy, Blaen y Cwm a Thŷ Nest Rosser Bach?

Pe troem i'w dilyn heno, a ddeuem adref, tybed?
A ddeuem at gynghordy ffydd trueiniaid y cwm?
Neu ynteu at ei sarn, at sgerbwd Duw?

Llanelli

(Sir Frycheiniog)

Fe gysgant oll
mor fodlon o ddigofeb,
mor driw i orchymyn cred.

Ond chwith gennyf
eu mudandod,
a'u braenu fesul cof.

Udwn innau chwedlau'u bod
hyd fannau atsain
dyffryn hardd ddi-hid.

Udwn hyd nes gwylltio
ar firabilia'u byw
a gwyrth eu gweu i'r pridd;

hyd nes llefain
am realiti dilafar
sy'n gaeth i orchymyn cred.

Sylffwr

(i Jim)

Mae dy fyd yn gwywo beunydd yn dy wedd,
dy fod yn nychu dan faich pob cof
ac ymdrech pob rhyw goffadwriaeth.

Mor erchyll o hyd yw ysgrechian dy gyd-filwr,
ei ymbil am gysur llaw ar ennyd ei dranc.

Ar orchymyn, ar orchymyn
profiad blin dy sarjant, camaist yn dy ôl
rhag i fflamau'r sylffwr dy ysu dithau hefyd.

Ond rwyt eto'n dyst i'w ing,
yn clywed o hyd ei lefain olaf ef.

Yukio Mishima

Am ennyd
gwyn ei fyd o gyni
a phurhad offeiriadaeth
llafn,
o chwalu'i holl ofnau
â'r fellten i buro'i falltod.

Daeth ei drwg
i'r olwg ar ei hôl.

Ar ôl
i fustl clwyf ei ystlys
lygru'i wae chwil â'i hagrwch ef,
a'i waed ei hun a fu'n dwyno
ei urddas eirias,
awr wallgof ei aberth ofer.

Cyfnos

Haul isel tanllyd
yn amlygu grynnau'r cynfyd
ar yr esgair grin,

yn bwrw, am eiliad, eu cysgodion
hyd y llethrau
i ddangos olion llafur

a phwytho eto'r lleiniau
yn glytwaith poblog byw.
Rhwng clawdd Waun Ucha

a'r cae crwn agosaf at y tŷ,
mae'r muriau a rwystrai ladron
a rhoi lloches i'r da byw

yn enwi eilwaith, bron ar hap,
y gongl fechan hon o'r ffridd
yn Gwm Milgatw.

Cân Ceridwen

Fi yw'r llall, yr arall,
y seren yn yr afal hollt,
adenydd allwedd Mair;
fi yw'r ddelwedd yn y drych,
gefeilles a chywely'r bardd;

fi yw'r ferch na chrëwyd
ond i ryngu blys ei gŵr,
fi yw gwyry'r blodau
a'r blodau hwythau oll,
y dylluan wen sy'n hawntio golau'r lloer;

eog Llyn Llyw a'm hadwaen i,
a'm gwelodd yn fy ing
yn chwilio'n fam deirnos
am fy mab – fy mab
na aned ond i hela'r baedd.

Pan swynwyd coed i'r gad
i ladd – i'w tranc –
tost fu fy ngriddfan i
a dafnau 'ngwaed
yw tlysau'r cerddin

a heno, fi o hyd yw'r wrach
sy'n arwain ar gyfeiliorn
y teithwyr ar y rhos
cyn dod â'r bardd mor glyd,
mor gynnes, adref yn fy nghroth.

Ffostyll

(i John Jones)

Cwrddwn
lle gwelwn a gêl
tu ôl i'r llygaid talog,
lle adroddwn a draidd
at graidd y grym
yng ngolau'r lleuad.

Cwrddwn
lle carwn y cur
yn y pridd a'r preiddiau,
dolur deuliw
ein tir anial
nad yw'n tirioni,
na thry'n lleddf
ei reddfau
            gwyrdd,
ei reddfau
            gwaed.

Gwyfyn ar Fâl Bach

Creuloned y diwedydd – a'i fflamau
Gwinau hyd y gweunydd,
A gwyfyn y grug efydd
Yn y ffos fel olion ffydd.

Y Gog

Daw i hudo pob diadell – a phraidd
I'r ffriddoedd anghysbell
O hirlwm cwm a'u cymell
O'u herwau gwael i'w thir gwell.

Gwennol

Daeth eto ddoe i'n toeau – o'i gwyliau,
Ond gwelwn o'i champau
Yn glir mor erchyll o glau
Yw adain ein bywydau.

Pont Rhys Powell

Â chôr gwych o glychau'r gog
yn cadw mewn cil coediog
eu hoed â'r haul godidog,

rhyw eco nawr yw'r ddrycin
a thraidd trwy wraidd a rhuddin
y rhaid ym mwynder yr hin

fel na thyf ar foel na thwyn
trwy'r ddaear gyfan wanwyn
addfwynach, symlach ei swyn.

Dad

(ar ben-blwydd dy farwolaeth)

Dan gramen a gwythiennau – dy gwm llwyd
Daearwyd holl olud dy eiriau,
Direidi dy storïau, – gweniaith bro
Hen do a gladdwyd yno, doniau
Dihareb, crefft gwirebau – cynhysgaeth
Cenhedlaeth a fu'n gaeth i'r gweithiau.

Mae cryfder dy fwynderau, – dy ddal dig
Ystyfnig a duloes dy ofnau,
Dy ach a chyfrinachau – dy fynwes
Yn hanes dan dy dir a'i haenau
A rhagor, dan dy greigiau – a'th fronnydd,
Cei lonydd er rhwygo'n calonnau.

Cenhinen Bedr

("lili Mair" chwedl fy mam-gu)

Wrth gofio bloedd cyhoeddi – y deuai
Mab ei duw ohoni,
Mae awr gorfoledd Mari
A'i chur yn ei harddwch hi.

Y Grog

Gweler yn ei wg a'i welwedd – unig
Mor ddynol ei waeledd,
A gweler holl oferedd
Ei boen, uchafiaeth y bedd.

Nadolig Mair

Er chwerwed y camddedfryd, – er y gwawd,
Er ei gwarth a'i phenyd,
O'i chôl yn ddifrycheulyd
Daw'r duw byw i euro'r byd.

Gleiniau

Ar ôl pob glaw
mae'r nef yn leiniau gleision
hyd y gawsai trwy Gae Nant.

Ond heddiw awn ni ati
i lenwi pob un twll â'r rhwbel
gawsom gan gymydog
sy'n ei gadw mewn tai allan
yn sacheidiau plastig trwchus
am fod "rhwbal bildar", meddai,
wastad yn dod yn handi.

A dyma ollwng brics
a choncrit a malurion pibelli
i'r tyllau a'u tampio i lawr
ag ochr bŵl gordd drom
(o drum hyd awch?)

cyn llywio olwyn tractor
yn ofalus dros y cyfan
a gwahanu unwaith eto'r tir a'r nef.

Disgwylfa

Y rhain yw'r olaf rai,
yr olaf rai o'r hen deuluoedd
a ddilynai Solomon a'i fath,

Solomon a'i fedd ger sticill faen y llan
yr olaf, yn ei dro,
o ddynion hysbys craff y cwm.

Fe gwrddant ar y rhos liw nos,
yn swil rhag llygaid estron,
rhag byd a barn a'u gwrthyd

yn helwyr a bytheiaid,
yn frodyr meddwon proffwyd
a gweision prudd y piwritan;

fe gwrddant ar y rhos liw nos,
liw nos ger maen y bugail.

Gardd

Fe gerddaf erbyn hyn yn fy ngardd fy hun
a'r rheini a garwn
ddeugain mlynedd yn eu bedd.

Edrychaf ar y mafon a'r gwsberins,
ar y cyrens duon yn eu lle anaddas;

gwenaf yn gam ar yr afallen
a dociais yn *espalier* yn lle'r pren gellyg
ond sy'n ffynnu er fy ngwaethaf.

Fe gerddaf erbyn hyn yn fy ngardd fy hun
a choleddu ynddi waddol gofal

y rheini a garwn,
sydd ddeugain mlynedd yn eu bedd,
y rheini a'm carai gynt.

Len

(fy nhad-cu)

Mae gennym ambell i lun –
tithau'n faban ymhlith dy fodrybedd
yn eu dosbarth ysgol Sul mewn capel coch;
yn rhoi cwts i Nan y tu ôl i'r tŷ
a gêr y pwll yn gefndir.

Ond mae dy fod, dy waed, dy enaid,
yn llithro fesul atgof o'n bywydau
dan gysgod yr wythnosau olaf hynny
o wanychu, gwywo, diflannu.

Sioc fel waden yn fy ngwep
oedd dod o hyd iti mewn llyfr cownt
mewn inc coch destlus –
dy ben-blwydd yn bymtheg oed,
dy ddiwrnod cyntaf yn y pwll.

Daeth gŵr i'r dosbarth wedyn
i fynnu iti achub ei fywyd
(a'r twrn cyfan) rhag y nwy
a chael dy ddiawlio gan reolwr.

A deallaf, efallai, nawr o'r diwedd
mor ddirdynnol yw mai'r unig beth ar ôl o'r tŷ
yw'r stand gacennau o wydr gwyrdd
a brynaist â'th bae cyntaf oll i'th fam
a throi budreddi, gormes, cam yn gariad.

Olwen

Ymhlyg yn fy mhenelin
mae yna graith o hyd
a'r pinnau bach poeth ar fy mysedd
i'm hatgoffa o'm ffolineb.

Hyd heddiw gallaf weld y gwaed
yn fwa llachar yn erbyn awyr las yr ardd.

Dy ffawd dithau yn dy dro
oedd gosod her a thasgau,
a gadael ar dy ôl
obeithion a dyheadau hurt –

rhyw dderbyn tynged hefyd
a chariad, o fath, o hyd.

Twyn y Bleiddiaid

Oedi, y tro cyntaf
ers blynyddoedd maith,
dan ffawydden rhag y glaw

yn pwyso ar y boncyff
a'r dafnau'n tipian
fesul un a dau ar fy nghôt
a'm gwarsach, ar fy ngruddiau

wrth wylio'r goleuni brith
trwy ddellt y dail
a'r rheini'n melynu eisoes
a hithau'n ganol Awst.

Yna, a'r gawod yn y cwm,
cychwyn eto hyd y waun
ac olion y glaw
yn berlau arian ar y grug.

Rhiannon

(er cof am Anne Cluysenaar)

I

O orsedd y cyneddfau,
fe fynnwn weld rhyfeddod
neu oddef archoll arallfydol;

dau facwy a anfonais ar ei hôl
ar ddau farch cyflym
ond ni thyciai dim –

po fwyaf oll eu brys,
pellaf fyddai hithau wrthynt
a cherdded araf, gwastad gan ei march.

II

A'i cherdded hithau heb fod mwy na chynt,
esgynnais ar fy march fy hun –
lladd ei ystlys a'i ollwng wrth awenau,

meddwl ar yr ail naid oddiweddyd,
ond heb fod nes
ac yna, o anobaith, galw "Aros fi!"

"Yn llawen," meddai hi,
"a phe baet ti wedi erchi 'nghynt,
buasai'n fwy o les i'r march."

III

Lle magwyd mab penfelyn calan Mai
a'r ebol praff a safodd yn y fan,
ebolion a fegaist tithau

ac er dy gerdded araf, gwastad,
ni lwyddwyd fyth i'th ddal
ymhell bell wrthym ar dy geffyl blaen;

lle lleddfwyd ing Rhiannon
trwy gariad ac ymgeledd,
ei phenyd hithau a ddaeth i'th ran.

Bwlch

(Hywel Teifi)

Lle bu'r cyfarth a'r arthio, – y taeru
Fel tarw afrosgo,
Ei gorn o ddyfnlais a'i go'
A'i ddoniau – bwlch sydd yno.

Cofio

Mor gynnil a fu'r encilio – i niwl
A nos y dieithrio
A droes ymhen byr o dro
Yn ofer "wyt ti'n cofio?"

Dylan

(i 'nhad innau)

Yn ei ing, ildiodd i angau'n – addfwyn
A lleddfu ei boenau;
Gwelais yn nhranc y golau
A'i wedd oer rad ei ryddhau.

Tir a Daear

I – Bryn Cader Faner

Dilyn fesul cala faen
lwybr cewri gynt
(neu ynteu'r cawr ei hun?)
o'r garreg uwchben y weilgi
ar hyd y Fonllech Hir;

fy nghydymaith o Sais
yn diflasu ar fy nghlebran
am y gainc ac felly setlo,
fel y ffranc, i rythm
rhyw gydgerdded mud.

Crin y cawn a'r grug yn llwyd,
y ffridd yn gors gan gurlaw ddoe,
rhydio nant a syllu'n gul ein llygaid
cyn cael ar boncyn heulog
goron Brân ei hun;

rhwng olion cadarn cynfyd
a hanesyn enw lle,
rhwng sadrwydd maen
ac atsain chwedl yn yr hesg,
coleddais yn fy nghalon ystyr hud.

II – Pennant Melangell

Mor wych
o Nant Llwyngwrgi
haul symudliw Chwefror
ar fol a bronnau'r cwm;

er iddi dynnu'n hwyr
ac er mor sydyn machlud,
bu'n rhaid dychwelyd
i droedio eto'r seintwar

a diosg pob sinigiaeth
i ferch (o dduwies neu santes)
gael ei lapio'i hun amdanaf
yn lloches rhag bytheiaid byd.

III – Cored Gwyrfai

Chwilio traeth y Foryd
yn y llwydwyll cyn y wawr
er dal y trai,

cyrraedd, ffocysu ar y gwaith,
ar osod pob manylyn biwrocrataidd
yn ei briod le,

nes codi 'mhen
a gweld yr Eifl a'r Gwaith Mawr
yn dân ac aur i gyd,

troi tua'r dwyrain
a hollt Eryri'n esgor
ar yr haul fu'n hwylio'r awyr

ac yma, ar y draethell
lle daw'r don wen i wlychu 'nhraed,
fe garaf innau hefyd dir y gogledd.

IV – Ystrad Fflur

Bu agor ffosydd carcus
a chrafellu'r llwch
er dod o hyd i'n hen benaethiaid,

mân dywysogion milain
a ddallai, a ysbaddai, a laddai
am eu tipyn grym a golud,

y rhai na chânt eu cofio, diolch byth,
ond gan yr academwyr
yn eu llithoedd hysb.

Ond deilio mae Mai o hyd
a gosber adar yn y coed
yn dal i lonni'r glyn,

mae eto haul ar lannerch
a'i wres yn deffro'r cnawd
a denu cariadon;

mae cerdd o hyd
a'n mabon ffôl yn fyw,
bob haf, o'r newydd.

V – Cilmeri

Afreal, bellach,
ydy'r lle ei hun,

y twmpath glas
a llafn y maen
yn gofeb i amgenach myth;

ni welwn nawr
ond lloer a brigau,
gwaed y deunaw ar yr iâ,

ni chlywir ar y gwynt ond eco'r gerdd,
nid ing y llyw
ond ennyd losg y bardd

a'r lle ei hun,
am byth, yn siom.

VI – Ystrad Yw

(tâp o John Williams, Cymro Cymraeg olaf y cwm)

Memrwn y tir
yn balimpsest o enwau

a phob un, pob llwyn
a chae a ffermdy'n edliw
inni'n hanwybodaeth;

ni chaem gysur
yng ngorffennol bro,
yn olion cynfyd
na pherthynem iddo,

collasem gof
a'r dirwedd a'n gwrthodai.

Ond nawr
wrth glywed llinach,
mae ôl y Twrch hyd erwau'r cwm,
man lladd ewythredd Arthur
erbyn hyn yw Ystrad Yw.

Gwaddol

(Eisteddfod y Fenni)

Ble heddiw y clywyd bloeddio – heddwch,
Yn waddol 'does heno
Ond afon ddu i'n suo
Yn gryg dros raean a gro.

Afon

Bob rhyw awr o'r wawr tan wyll – y chwiliwn
Hyd ei cheulan dywyll
A chael mai rhith pob brithyll
A gwag pob cneuen ar gyll.

Ildio

Yn ddi-hid, yn ddihyder – a bellach
Heb allu na phŵer,
Heb orchwyl na hwyl na her,
Ildiaf i foeth iselder.

Nodiadau

Cwm Sorgwm – mae Cwm Sorgwm ym Mynydd Du Sir Frycheiniog.

Y Mamau – sef y duwiesau Celtaidd. Y beddrod yw Llygad Amr yn Swydd Henffordd lle claddwyd, yn ôl traddodiad, Amr, un o feibion Arthur.

Angharad – cydnabyddir Roger Cecil bellach fel un o artistiaid pwysicaf Cymru. Treuliodd ei oes yn Abertyleri. Angharad oedd ei gariad a'i awen ond ni wyddys ei henw go iawn. Aeth Roger Cecil yn ffwndrus yn weddol o ifanc a bu farw o'r oerni wrth geisio cerdded adref o'r ysbyty yng Nghasnewydd.

Llyn Fawr – yn gynnar yn yr Oes Haearn, taflwyd pair efydd a'i lond o drysorau i'r llyn yn offrwm i'r duwiau.

Tir y Blaenau – llun gan yr artist a'r bardd David Jones o ardal Capel y Ffin yn y Mynydd Du. Hwn oedd y llun a drysorai fwyaf yn ei henaint.

Yr Heliwr – claddedigaeth yn Vedbæk yn Nenmarc sy'n dyddio o'r cyfnod Mesolithig oddeutu 5,000 CC. Claddwyd menyw ifanc gyda'i phen ar bais o groen. Rhoddwyd ei baban bach i orwedd ar asgell alarch.

Fferegs – llysenw Meic Stephens yng nghystadleuaeth y Goron yn Eisteddfod Genedlaethol y Bala yn 2009.

Breuddwyd – cylch o gerddi sy'n adlewyrchu blwyddyn ddefodol a phrif wyliau crefyddol y Celtiaid. Ysbrydolwyd y cerddi gan luniau olaf yr artist Paul Nash. Yn eu tro, ysbrydolodd y cerddi artist arall, sef Tim Rossiter, a'i ddarluniau ef sy'n harddu'r cerddi. Y Bronnydd yw'r Wittenham Clumps yn Swydd Rydychen. Mai-dūnon oedd yr enw Brythonig am Maiden Castle.

Y lluniau perthnasol yw:

Beltane – Cerne Abbas – The Cerne Abbas giant, Dorset 1934–35
Mai-dūnon I – Maiden Castle 1943
Heuldro Blodau'r Haul – Solstice of the Sunflower 1944
Anterth – Landscape of the Summer Solstice 1943
Lughnasadh – Y Coed ar y Bryn – The Wood on the Hill 1912
Cyhydnos yr Hydref – Sunflower and Sun 1942
Samhain – Boar's Hill – November Moon 1942

Heuldro'r Gaeaf – We are Making a New World 1918
Imbolc – Iden – February 1929
Tirwedd Mawrth – March Landscape 1944
Cyhydnos y Gwanwyn – Landscape of the Vernal Equinox III 1944
Beltane – Badbury Rings – Badbury Rings 1935

Mewn Drych – ym 1939 aeth T. J. Morgan trwy'r eira mawr i Gwm Grwyne Fechan yn y Mynydd Du i recordio Cymry Cymraeg olaf y cwm. Pan recordiodd John Williams y Felin, gofynnodd gwestiynau digon diddychymyg am ffermio ac ati ond beth pe byddai wedi gofyn am straeon a chwedlau? Yr heliwr yma yw alter ego chwedlonol dychmygol John Williams y Felin.

Ffostyll – fferm heb fod ymhell o Dalgarth ar ochr ogleddol y Mynydd Du. Ceir yno ddau feddrod Neolithig.

Rhiannon – cerdd er cof am y bardd, Anne Cluysenaar. Yn ogystal â barddoni, roedd Anne yn bridio ceffylau ar ei fferm yng Ngwent. Cafodd ei llofruddio gan ei llysfab.

Ystrad Yw – lle arall yng Nghwm Grwyne Fechan. Yn ôl Culhwch ac Olwen, yma y lladdwyd ewythredd Arthur gan y Twrch Trwyth.